GALERÍA
DE IMPOSIBLES

ExLibric

MARTA ALONSO CARLOS

GALERÍA
DE IMPOSIBLES

EXLIBRIC
ANTEQUERA 2025

GALERÍA DE IMPOSIBLES

© Marta Alonso Carlos

Diseño de portada: Guillermo García Rodríguez y el Dpto. de Diseño Gráfico Exlibric

Iª edición

© ExLibric, 2025.

Editado por: ExLibric
c/ Cueva de Viera, 2, Local 3
Centro Negocios CADI
29200 Antequera (Málaga)
Teléfono: 952 70 60 04
Fax: 952 84 55 03
Correo electrónico: exlibric@exlibric.com
Internet: www.exlibric.com

ISBN: 979-13-87944-20-9
Depósito Legal: MA 1210-2025

Impresión: PODiPrint
Impreso en Andalucía – España

Nota de la editorial: ExLibric pertenece a Innovación y Cualificación S. L.

MARTA ALONSO CARLOS

GALERÍA
DE IMPOSIBLES

A ti, por ser puerto.
A vosotras, por darme raíz y alas.

YELLOW

Te vas y yo me quedo.

El nosotros se queda parado
en un tiempo sin tiempo,
guardado en una urna de cristal
dentro de un lugar sin nombre
que visitaremos de vez en cuando,
conectando con la nostalgia de lo que fuimos
y lo que ya nunca será.

Justo allí quedarán las risas, las miradas,
las canciones, las palabras que un día
fueron solo nuestras.

Justo allí guardaremos los futuros que no serán,
los pasados que compartimos,
las versiones de nosotros que crecieron juntas
y las que quedaron atrás.

Allí habrá horas de conversaciones
mirando el fuego,
quedarán cenas para cuatro y mapas abiertos
con una chincheta puesta.

Quedarán los restos de las fieras
que amansamos,
el arnés que nos sujetó
y la botella de Moët & Chandon
que nunca abrimos.

Guardaremos el amarillo de nuestra canción,
aquel puente de Ámsterdam
y las cimas que alcanzamos.

Al principio, iremos allí a menudo,
con dolor y nostalgia,
procurando no coincidir.
Poco a poco, iremos espaciando esas visitas,
mirándolo con la satisfacción que genera
saber que todo eso nos pertenece.
No nos lo pueden quitar.

Qué suerte habernos vivido.

Magia es que quererte a ti me haga
quererme más a mí.

LIBERACIÓN

Le he quitado los barrotes a mi alma.

He dejado que salga a explorar
más allá de los límites conocidos.

La he impulsado para que su curiosidad
la lleve lejos y su entereza la mantenga serena
en la locura que supone volar
al otro lado del miedo.

Le he susurrado con paciencia,
para desentumecer sus ganas dormidas.

La he acariciado despacio
para sensibilizar de nuevo su tacto.

La he hecho reír con fuerza
para que vuelva a brillar por dentro.

He quitado los grilletes a mis alas.

Nos escribimos con la presión justa
para que salga la tinta, sin que estropee el papel
ni la punta de la pluma.

CIELO

A veces, se me instala en la cabeza
una nube que toma forma, volumen,
peso, dimensión, fruto de algún pensamiento
o alguna emoción.

En esos momentos, solo necesito dejarme llover.

Entonces tú, con ese soplo de aire cálido,
me ayudas a sacar fuera todo eso que me nubla,
a veces en forma de tormenta,
otras de vapor de agua.

Despejas mi cielo.
Aparece el sol de nuevo.

COFRE

De niña escarbaba en la arena
buscando tesoros ocultos.

Después he seguido buscándolos,
escarbando entre las personas
que me encontraba
para dar con el cofre lleno de gemas
que sabía que existía para mí.

Lo encontré.

Te encontré.

He llegado.

LÍNEAS

Aprender a hacer equilibrios
en las líneas de tus manos.

Recorrer cada centímetro con la certeza
de que todos los pasos me acercan un poco más
al punto exacto del camino.

Saber que lo importante no es llegar rápido,
sino afianzar cada instante para que no se escape,
poniendo marcas por si hay que retroceder.

Así, en las palmas de tus manos,
encuentro las respuestas a las preguntas
que nunca supe que necesitaba hacerme.

Encuentro las preguntas a las respuestas
que nunca entendí.

Soy equilibrista en las líneas de tus manos.
En eso quiero seguir siendo siempre aprendiz.

SOLTAR

Algunos sentimientos se aferran
como sombras largas al final del día.
Fueron escudo, alguna vez.
Refugio, tal vez.
Pero ahora solo cierran ventanas
y pesan en el pecho.

Hay modos de mirar, de callar,
de huir, que un día fueron necesarios.
Ahora solo repiten el frío
que prometieron proteger.

Soltar no es olvidar,
es entender que ya no somos
quien necesitó aquella trinchera.
Y que fuera hay un aire nuevo,
esperando que respiremos distinto.

QUIERO

Hacer de cada día un 19;
de cada lugar, un refugio;
de cada gesto un «te quiero»;
de cada mirada un «estoy».

Seguir haciendo cada momento irrepetible.
Seguir sumando instantes increíbles.

Seguir cuidando lo cotidiano
para hacerlo extraordinario.

Que cualquier plan sea perfecto,
solo porque es contigo.

Que la ilusión y la magia sigan ganando al miedo
y sigan superando expectativas.

Que el agua, el fuego, el aire y la tierra
sigan presentes en nuestro vínculo.

Que cada «te quiero» nos siga arropando
en las noches frías del alma.

CASCADAS DE REALIDAD

Dejas caer del borde de tus pestañas
la catarata de recuerdos que a veces te inunda.

Yo la recojo, entregada a la necesidad
de deshacerme de aquello,
como si así pudiera salvarte.

La realidad es que la catarata
allí por donde pasa moja, arrasa.

Lo sé, porque yo también he estado allí.
Su fuerza arrolladora transmuta todo lo que toca.

La frontera de tus ojos guarda
toda una retahíla de recuerdos
que a veces, como hoy, se desbordan.

ALAS ROTAS

Hay un rincón en el patio
donde la luz no llega del todo.
El timbre suena como un eco lejano,
y el aire allí tiene una quietud
que no se atreve a moverse.

En ese rincón, el tiempo no corre;
se pliega, se enrosca, como un papel mal doblado.

Cada día las voces caminan
por los pasillos como sombras largas.
Algunas se ríen demasiado fuerte;
otras susurran con filo.
Hay palabras que no necesitan gritar para cortar.

Aprendí a doblar los hombros
como si fueran alas rotas.
A hacer del silencio una manta.
A mirar hacia abajo, como quien recoge
cristales en el suelo, sabiendo que alguno cortará.

Pero, aun así, regresé. Cada día.
Con los cordones atados como promesas.
Con el cuaderno limpio,
aunque las páginas tiemblen un poco.

Porque, en el fondo,
entre la costra de los días repetidos,
hay una semilla que no se rinde.

VELOS

Se me están cayendo, uno a uno,
todos los velos con los que me cubrí.
Y ¿sabes qué? Resulta que no los necesito.

Asisto hipnotizada a este descubrimiento
que me empuja a deshacerme
de las etiquetas autoimpuestas,
de la hiperestimulación y el exceso de ruido.

Me impulsa a conectar con quien soy
y lo que quiero cultivar.

Me ayuda a soltar lo superfluo
y vivir desde lo básico,
corroborando que no necesito tanto,
que me llevo bien conmigo,
que puedo convivir con el silencio
sin salir corriendo, volviendo a la esencia,
absorbiendo las enseñanzas que la vida
me ofrece tras cada recoveco, con curiosidad,
soltando expectativas,
abrazando la realidad tal cual es,
cultivando la presencia.

NUEVOS COMIENZOS

Estoy conociendo a alguien.

Es una persona soñadora, con carácter, reflexiva
y, a ratos, impulsiva.

Resulta que le gusta leer con calma
y meditar por las mañanas.

Está llena de contradicciones
y le pone pasión a lo que le gusta.

Puede tener paciencia infinita
o saltar como un resorte cuando menos lo esperas.

Disfruta de un buen café
más que de un buen vino,
y su plan favorito es una conversación
que dure horas o hacer un viaje
que vivirá como si fuera el primero.
O el último.

Estoy conociendo a alguien,
y me estoy empezando a gustar.

Superación

Llevas prendidas en tu pelo cada una de las veces
que te levantaste después de caer.

Llevas detrás de tus ojos heridas antiguas
que no dejas ver.

Llevas en tu piel marcas de las desilusiones
que nunca has contado y de nudos por deshacer.

Llevas en las uñas rastros del barro de las batallas
que has librado y de las que te dejaste vencer.

Y, a pesar de todas esas dentelladas,
nadie dudaría de la belleza de tu ser.

TÚ

Hay quien tiene la habilidad de hablar
con caricias, besar con palabras
y escuchar con los ojos.

Son edición limitada.

Suerte la mía.

RECUERDOS

Días en los que solo quiero…

arrebujarme en las fotografías
que ilustran los momentos que compartimos;
envolverme en la nostalgia de lo que nunca será;
arroparme con los recuerdos de lo que un día fue;
recrearme en el calor que me dejó una vida contigo;
lidiar con el frío que se siente después,
cuando se extingue el crepitar de mi evocación.

LEYENDA

Leyenda: «Relación de sucesos que tienen más de tradicionales o maravillosos que de históricos o verdaderos».

Me niego a ver reducido a leyenda lo que fuimos.

LLUEVES

Llueves sobre mojado.

Mientras se agitan en mí
las aguas de tu ausencia,
el aguacero de los recuerdos
me moja incansable.

HAZ

He limpiado mis pestañas
para quitar las telarañas que dejaron
los reproches, los miedos, la culpa y las penas.

He dejado pasar la luz para apagar
las voces sombrías de la soledad y la tristeza.

He encendido mis pupilas como antorchas
que me guíen en el camino a transitar.

Ahora sigo mi propio haz.

JAZZ

Mi voz se ha vuelto agua desde que la escuchas tú.
Cae fluida, saliendo desde mi garganta,
para acompañar cada gesto vaporoso
que inspira tu mirada.

Mi voz, de pronto, despierta, curiosa,
y se une al tintineo de mis latidos
acompasados con los tuyos.

Mi voz, que ya es la tuya,
explora con sutileza cada matiz
de este nuevo intento de certeza.

Mi voz se ha vuelto *blues*
desde que la acompañas tú.

ARENA

Trato de llenar el vacío de ti con arena
de aquella playa y melodías encadenadas.

Así voy haciendo de tu ausencia
un reloj de arena y una caja de música
a los que recurrir cuando el silencio
se convierte en la visita inesperada
que no quiero atender.

AMIGA

Te diría que todo pasa, pero eso ya lo sabes.
Que eres fuerte, pero eso también lo sabes.
Sin poder evitarlo, caigo en lugares comunes
con la esperanza de acompañarte a buscar alivio.

Hoy te digo, amiga, que ojalá puedas encontrar
la calma para conectar con la escucha
de aquello que necesitas.
Y que cuando lo sepas, puedas dártelo.

Ojalá sientas todas las redes que te esperan abajo,
por si necesitas dejarte caer por momentos.

Que notes el cariño y el apoyo
de quienes te queremos.

Que encuentres en ti la fuerza y la ilusión
para mirar adelante,
sin dejar de aceptar tu vulnerabilidad.
Que te permitas llorarlo todo, y reírlo después,
si así lo sientes.

Que las expectativas, las proyecciones y el dolor
no te impidan ver tu poder,
porque como sabemos todas las que te conocemos,
eres poderosa, amiga.

SILENCIO

Llegas y traes contigo el olor a café recién hecho,
un libro nuevo por abrir, el olor a salitre del mar.

Llegas y traes la risa fresca de la mañana y el abrazo
cálido al pie de la chimenea.

Impregnas cada segundo con tu presencia y fuera
se
hace
el
silencio.

El grito de tu ausencia se hace fuerte
en el silencio de mi casa.

TODA LA VIDA

Ven.
Vuelve a casa y tráeme la nieve de agosto
y el sol de febrero.
Tráeme la ilusión y las ganas.

Ven.
Vuelve a mi casa, que es la tuya.
Tráete los abrazos y las risas envueltas.

Ven.
Regresa pronto y devuélvenos la música,
el tiempo sin reloj y las cenas para dos.

Ven.
Si no tardas mucho,
te espero toda la vida.

ALETEOS

Tecleas poemas en la máquina de escribir
y cada roce de tus dedos con las letras
se convierte en aleteo.

Me miras fijamente,
como queriendo hablarme sin hablar,
y tu pestañeo se convierte en aleteo.
Me abrazas acercando tu boca a mi oído
y cada susurro se convierte en aleteo.

Escucho palpitar tu corazón,
y cada sístole y diástole se convierten en aleteos.

Oigo tus arpegios
y cada nota se convierte en aleteo.

Te veo llegar y me salen alas.

NIDO

Sigue volando alto.

Que las prisas, las obligaciones y los obstáculos
no lastren tus alas.

Continúa mirando la vida
con la intensidad de quien lo ve todo
por primera vez.

Sigue disfrutando de lo pequeño
con la misma ilusión
con la que disfrutas de lo grande.

Ríe, ríe y emociónate con todo el cuerpo,
como solo tú sabes hacerlo.

Sigue cultivando esa energía, esa fuerza,
esa sensibilidad y ese arte.

Sigue volando alto,
incluso cuando soplen vientos huracanados,
porque siempre tendrás un nido al que volver.

FIERA

Me asfixias.
Con tu garra castradora
limitas cada uno de mis pasos.
Desgarras mis dos alas
con tu afilado colmillo corrosivo.

Me asfixias.
Con tu rugido feroz
acallas cada una de mis voces.
Bloqueas los movimientos de mi alma danzante
con tus amenazas inertes.

Me dejas expuesta, exhausta, vencida.
Rendida.

Entonces, no sé de dónde aflora en mí
una fuerza intempestiva, un géiser sanador
hecho de ternura, humor, inocencia,
espontaneidad y bravura.

Te deja expuesto, exhausto, vencido.
Rendido.
Esta batalla la gano yo, de nuevo.

SEPTIEMBRE

Nada más abrir la ventana para ventilar,
se me colaron briznas de tu recuerdo en casa.

Desconcertada por este regreso de Nostalgia,
me puse a recoger cada mota con tesón,
pero mecánicamente,
reflexionando sobre los motivos de su aparición.

Al pasar al lado del calendario, entendí todo.
Septiembre aún me duele sin ti.

CONFIAR

Encender la luz para hacer pequeñas
las sombras que nos asustan.
Achicar el agua que inunda tus ojos.
Disolver las nubes hasta convertirlas
en briznas de vapor.
Condensar la ilusión hasta hacerla tangible.
Convertir las miradas en palabras
y las palabras en confianza.

HA VUELTO

Ha vuelto.
Hacía tiempo que no venía y hoy ha vuelto.
De hecho, la tengo aquí sentada, a mi lado.
Con su energía densa y su estructura espesa.
Con su mano férrea agarrada a la mía, fría.
Con su vacío lleno y su abismo atroz.
Con su echarpe de nostalgia.
Con su manera de lloverme por dentro.
Con su forma de moverme por dentro.

Yo la dejo estar el rato que ella necesite
hasta disolverse y volverse de nuevo
a ese espacio inabarcable al que ella llama hogar.

Bienvenida, tristeza.
Tomo nota de lo que me quieres contar.

Sigues estando en cada lugar
donde un día pronunciaste mi nombre.

HORIZONTE

Ella, que no abandonaba el camino
hasta estar segura de que el nuevo recorrido
sería cómodo, fácil, seguro.

Ella, que no daba un paso de más
hasta no despejar cada hoja de maleza
que crecía salvaje en el camino.

Ella, que no sentía la necesidad
de atravesar obstáculos,
por muy salvables que fueran,
por muy prometedor que fuera
el claro del bosque que se abría después.

Avanza ahora libre, aun sin certezas.
Con paso firme, aun sin saber
dónde acaba el camino escogido.

Sin necesidad de saberlo.

Con la seguridad de que puede sentarse
a descansar, a pedir ayuda para despejar la maleza,
a cambiar de dirección, si es preciso.

Sabe que no hay certezas.
Nunca las hubo.

La única posibilidad es hacer camino al andar,
ensuciarse los zapatos,
rectificar el rumbo cuando sea necesario,
morder la incertidumbre con la fuerza
que da saber que tiene los recursos necesarios
para batirse en duelo con ella.

Ella pasea ahora por su nuevo camino
de adoquines, con paso constante,
firme a veces, otras titubeante,
a veces mirando de reojo hacia atrás
solo para ver lo lejos que ha llegado.

Ella, ahora, avanza.

CORREMOS

Corremos apagando un fuego tras otro,
poniendo tapones a las fugas de agua
que encontramos a nuestro paso.

La prisa nos arrastra de un lado a otro,
tirando de nosotros siempre hacia delante,
impidiéndonos ver lo que está pasando
a nuestros costados.

¿Hasta cuándo vamos a seguir sin darnos cuenta
del precio que pagamos por ello?

Quiero pararme en la vereda del camino,
descalzarme, sentir el suelo bajo mis pies,
respirar el aire con consciencia
y valorar lo que está ocurriendo aquí y ahora.

No quiero hipotecar mi felicidad
mientras pago intereses en forma de estrés,
prisa, piloto automático e inconsciencia.

Quiero disfrutar hoy,
y no cuando llegue a la siguiente meta.
No me gusta posponer el disfrute
hasta encontrar el momento perfecto.

Me agobia la sensación de desconexión
que provoca la huida hacia adelante.
Me agota sentir que cada día es una sucesión
de tareas pendientes y obligaciones
que nos permiten sobrevivir.

No quiero seguir corriendo.

Quiero mirar a mi alrededor y encontrar
personas emisoras y receptoras de emociones,
personas que suman.

Aspiro a vivir con mis rutinas positivas
los planes especiales,
mi mirada pausada al presente,
sin perder de vista el mañana,
forjando mi lugar seguro, mi guarida.

EL REGALO

Soy muy consciente del privilegio
que supone contar en mi vida con gente
que vibra en mi misma sintonía.

Tengo muy presente la importancia
de nutrir los vínculos desde la presencia,
la entrega y también los límites.

Tengo en cuenta la suerte de tener a mi lado
personas que respetan mis sombras
y no ocultan las suyas.

Valoro el enorme regalo que es
poder mostrar el corazón abierto,
sin miedo a que del otro lado
aprovechen esa apertura
para meter el dedo en la herida.

Y sé, por experiencia, que no es fácil
que todo eso suceda.

Agradezco cada alma que se entrega, vulnerable,
para regar la conexión que nos une.

La caricia es instinto.
La palabra, razón.

Treinta y tres

Llegaste al mundo para llenarlo de primavera.

Y, desde entonces, eres la chispa
que enciende la risa, y el puerto que sirve
de refugio a la tristeza.
Hermana, amiga, cómplice, red,
espejo y trampolín.

Imposible desligar dos almas
que comparten la misma raíz.

Te deseo que sigas acumulando
margaritas en tu jardín,
que sigas llenando de letras tus cuadernos
y de fotogramas tus pupilas.

Que sigas sumando atardeceres
y compartiendo tiempo con personas
de esas con las que sacar lo mejor de ti.

CALEIDOSCOPIOS

Estamos hechos de épica y verso,
de epopeyas y prosa,
fuegos artificiales y brillos estelares.

Sí.

Y también de domingos por la tarde,
charlas interminables tomando café,
de horas mirando un mapa
o buscando libros para leer,
y de un «mira, vi esto y te recordé».

Hechos de encaje y algodón,
de tierra y aire,
de cristal y teflón.

Caleidoscopios de emoción.

LO QUE NECESITES

Fundir el hielo de los miedos
con el calor de un «te quiero».

Deshacer los nudos de los «peros»
con la habilidad de mis dedos.

Desmontar cada uno de los «y si»,
soltando la necesidad de certeza.

Abrazar la incertidumbre
como parte de nuestra esencia.

Ver la vida como lo que es:
una concatenación de sorpresas.

TE ELIJO

Me gusta esa forma que tienes
de ayudarme a limar mis aristas,
sobre todo, aquellas que más me cortan.

Me gusta cómo me ayudas
a matizar mis extremos,
sobre todo, aquellos que me encadenan.

Me encanta la manera
en que suavizas mis vértices,
para mostrarme una manera diferente
de estar en el mundo.

Me fascina esa habilidad
para hacerme mirar a través del prisma
y descubrir los colores.

365

Hace un año nos asomamos a la ventana
y descubrimos todo un universo al otro lado.

Una colección de constelaciones anidadas
en la forma en que me miras,
en el sonido de tu risa,
en las palabras que has inventado para mí.

Una galaxia que se parece sospechosamente
a la forma en que abrazas mis miedos,
al sabor de los descubrimientos
que hacemos en cada encuentro,
al calor que desprenden tus manos
cuando nos leemos.

Un mar de estrellas que son el reflejo
del espejo en el que nos miramos
cuando nos hablamos,
que son guarida cuando los vientos arrecian,
que son brújula cuando perdemos el norte.

Planetas que son plataformas en las que quedarnos
a vivir cuando esta se nos quede pequeña.

Y, al fondo, un cometa que brilla
como el faro que se encendió
y que lo ha cambiado todo.

AIRE

Abro la puerta y entra aire nuevo.
Un aire que despeina y remueve el polvo
acumulado en los muebles de mi casa.

Un aire que a veces sopla huracanado
y tira algunos de los adornos que fui acumulando.
Primero asisto al evento alerta,
tratando de sujetarlo todo, para que no se rompa.

Luego, me rindo ante la evidencia:
acumulo demasiados objetos que ya no me sirven,
que ni siquiera reconozco como propios.
Observo, ahora curiosa, los cambios
que el mistral produce.

Otras veces sopla suave,
acariciando cada recoveco,
dejando a su paso un aroma a hierba fresca,
a salitre y a madera.

Cuando cierro la puerta, lo tengo claro:
mi casa nunca será la misma tras su paso.
Ni yo tampoco.

AGONÍA

Resulta que la luna
se aleja de la Tierra 38 milímetros cada año.
A esa velocidad siento que tu alma
se distancia de la mía, con una inexorable lentitud
que va alejando, implacable,
la exactitud de nuestros recuerdos.

Agónico desgarro.

HASTA SIEMPRE

Llevo unos meses de encuentro conmigo misma.
Con un ritmo pausado, con una escucha atenta,
y detrás de cada risa, de cada silencio,
detrás de cada pensamiento y de cada emoción
sigues apareciendo tú.

Entre los millones de personas
que vivimos en el mundo,
solo me vienes tú.

Sigo creyendo en nosotros,
sigo creyendo en nuestro proyecto,
ahora más que nunca,
ahora que he entendido dónde estaba la huida
y por qué.

Ahora que me he reconciliado con lo que soy,
que me sigo reconstruyendo cada día.
Ahora que puedo verlo con perspectiva y calma.

Lo que fuimos y lo que teníamos era tan inmenso
que no puedo permitir que quede en el olvido
sin haberte expresado lo que yo siento.

Mis ganas de remodelar las piezas
y construir nuestro refugio de nuevo,
con nuevos cimientos más conscientes,
más seguros, más respetuosos y más fuertes.
No desde la carencia o el apego,
sino desde el convencimiento
y la ilusión de un nuevo inicio.

Si estás disponible para esa aventura,
será un honor compartirla contigo.
Te espero.

Si no, te deseo que emprendas la tuya propia
lleno de felicidad y calma.

Farallones: «*Rocas ocultas contra las que chocan los barcos*».
Eso son tus recuerdos.

LLEGASTE

Llegó el día en el que Amor venció a Miedo.
Risa derrotó a Lágrimas.
Valentía ganó a Dudas.
Corazón se impuso a Mente.
Ilusión se antepuso a Resistencia.

Llegó el día cuando llegaste tú.

UNA PALABRA TUYA

Y una palabra tuya basta para deshacer el nudo
que ahoga mi garganta.

Disolver la pena atascada a la altura de mi pecho.

Resolver la duda que se interpone
a medio camino entre el corazón y la cabeza.

Despejar la nube que amenaza el azul de mi cielo.

Dar alas a la ilusión aletargada.

Una palabra tuya basta.

FE

Te encuentro
y siento el abrazo de los comienzos.

Te escucho
y se mueven los vientos de la ilusión.

Te ríes
y suenan los ecos de la dulzura.

Desde que respiras a mi lado,
el aire se ha llenado de luz.

Desde que agarras mi mano,
he vuelto a creer.

AÚN NOS SIENTO

Eras la sonrisa en la mañana,
el calor en pleno enero,
el hombro que sostenía mis penas
y el perpetuo compañero de viaje.

Hace mucho tiempo que te fuiste,
pero hay una parte de mí que aún no se lo cree.
No ha procesado que tu ausencia
se ha convertido en la presencia más fuerte.
No ha integrado que la distancia física
es también emocional
y que, esta vez sí, es definitiva.
No ha asumido que los futuros ya no serán
y los pasados se difuminan cada día más.

Y con esa parte de mí, ya ves, aún te (nos) siento.

Te siento en la melodía que se escucha
al pasar por delante de esa cafetería;
estás en la chincheta de aquel mapa
que guardé en el cajón,
en la escena cumbre de aquella película
y en la cima de las montañas que afronto.

Sigues presente en el crujir de un cacahuete
y en el olor a chocolate,
en las fotos que aún no me atrevo a mirar
y en la casa que un día llamamos hogar.

Sigo preguntándome cómo estarás,
en qué encuentras refugio,
qué capas dejaste caer
y cuáles te has construido.

Si aún piensas en nosotros
cada vez que ves el día D en el calendario.
Si pensarnos te produce aún rabia o tristeza,
o si pasaste ya a la indiferencia.

Yo, por mi parte, ya ves, aún nos siento.

Sigo apartando de mi camino las piedras
que yo misma me empeñé en poner.

LA IMPERFECCIÓN

Me empeño en convertir en cuerda floja
cada superficie que piso.

Cada paso es un temblor con vistas
al abismo abierto bajo mis pies.

Insisto en agarrarme con las dos manos
a un cable de acero que no me deja avanzar
y que me hiere la piel.

La piel, ese punto de unión entre el exterior
y el interior, se me agrieta, se me encarna.
Se me enquista el miedo
bajo la dermis de mi dolor.

Me obceco buscando la sombra de cada luz
pensando que así desaparece,
pero lo único que consigo es hacerla más grande,
más fuerte, más oscura.

Solo acepto vivir en una casa con vigas
bien estructuradas, y todo lo que no sea eso
me asusta y me acerca al caos.

Me cuesta aceptar las ventanas
que no encajan bien,
la mesa con la marca de un vaso en la madera,
el grifo del baño que gotea.

Me llevo mal con la imperfección
y, por tanto, me llevo mal con la realidad.

Porque, al fin y al cabo, la vida es eso.

AUSENCIA

Te vas y dejas un hueco en mi cama.

Te llevas las ganas y dejas un hueco en mi alma.

Cierras la puerta y dejas un hueco en mi calma.

Te marchas y no vuelvo a ser la misma.

NOSTALGIA

Cada vez que dejo de sentir el suelo bajo mis pies
vuelvo a aquel atardecer contigo.
Me llega tu olor, el ritmo de tu respiración
acompasada con la mía,
el brillo de tus ojos reflejando el ocaso.
Noto el tacto de tu mano acariciando la mía,
la mirada en calma, serena.

Cuando mi mundo tiembla,
sigo recurriendo a los cimientos de lo nuestro,
asiéndome con fuerza a lo que fue
e imaginando, ilusa, lo que podría haber sido.

Cuando todo se derrumba,
lo que fuimos sigue salvándome.

Tu recuerdo sigue siendo mi lugar seguro.

MAMÁ

Lo sé.
Lo escucho.
Tienes vientos soplando fuerte dentro de ti.
Huracanes ensordecedores
que te hacen sentirte inestable,
que te tambalean.

Es incómodo. Lo sé.
Más que incómodo. Es limitante. Es duro.
Lo sé.
Lo escucho. Lo veo. Lo siento.

Son vientos con fuerza desorbitada, los conozco.
Pero también sé que tú también la tienes.
Lo sé, porque lo he visto.
Lo sé, porque lo has demostrado.
Muchas veces. Infinitas.
¿Te acuerdas?
Recuérdalo. Vamos. Inténtalo. Revívelo.
Aquellas veces. Muchas. Todas.

Tú fuiste más fuerte.
Vulnerable y fuerte. Las dos cosas.

Ellos soplan fuerte, pero ¿sabes?
Ellos nunca han ganado.
La prueba la tienes si te miras al espejo.
No les vamos a dejar ganar.
Tampoco esta vez.
Nunca.

Porque tienes las raíces bien ancladas a la tierra.
Siéntelas.
¿Las sientes?
Húndelas bien profundo, un poco más.

Te bamboleas, sí.
Pero puedes sostenerte.
Te agitan, sí.
Pero tú eres más fuerte.

Como siempre.

Eterna aprendiz

A estas alturas de mi vida
sigo aprendiendo a caminar descalza
sobre las arenas movedizas de mis emociones.

Siento la necesidad de soltar lastre
y hacer más flexibles las cuerdas
con las que sujeto el arnés que me ancla a la vida.

Estoy empezando a escribir en los márgenes
de mi libreta cada vez que las líneas marcadas
me encorsetan las palabras que se me quedan
atascadas entre el lápiz y el papel.

Sigo buscándome en el espejo
para borrar del cristal las partes de mí
que no son yo, tratando de reconocer
los atisbos de autenticidad que los miedos
y la culpa se empeñan en enterrar.

Ilumino las piedras en el camino,
aquellas que yo misma me puse
y, de vez en cuando, me siento en la ribera
de algún río seco que un día

llevó un caudal de agua abundante
y lo relleno con las lágrimas de mis memorias.

Guardo en mi cofre el caleidoscopio
que me conforma para mirarlo
cuando se me olvide que estoy hecha de colores.

A estas alturas de mi vida sigo aprendiendo a vivir.

ELEMENTOS

Oigo tu voz
y se derrite cada uno de mis polos.
Leo tus palabras
y se dilata cada uno de mis poros.

Vienes (una vez más) a salvarme de mi abismo.
Vuelvo a respirar.
Me traes raíz, tierra, suelo.
Conecto con la sensación de hogar.

Vuelves a ser refugio contra mis fantasmas,
consigo hacerlos pequeños.
Vuelves a ser guarida para mis ilusiones,
la leña de mis anhelos.

Me das la mano y, por primera vez, creo.
Creo del verbo «creer» y del verbo «crear».
Alientas mi fe en la vida.
Alimentas mi capacidad de alumbrar
una nueva esfera.

Te escucho y tiembla en mí
ese pilar llamado conformismo.
Te miro y el tiempo se hace agua
y el agua, viento.
Te abrazo y me convierto
en aire, tierra y fuego.

PÁRAMOS

El enigma de tus ojos
ha sido siempre mi lugar seguro.

Miro esos dos bosques infinitos
para encontrar en ellos las preguntas
a las respuestas que he ido guardando
en mil baúles.

Y con esos baúles cargo.
A diario.
Siempre.
Y cuando llueve, pesan más.
Me paro a recabar fuerzas,
lo justo para coger aire y seguir avanzando.
Avanzar se me da bien.
Lo que no se me da bien es soltar lastre.
No lo dudes, avanzo,
a veces dando algún rodeo.
Pero avanzo.

Y cuando me canso, porque cargar
con el peso de las respuestas a las preguntas
que no se han formulado cansa, te miro.

Descanso en tus bosques,
donde encuentro cobijo.
Entre robles, encinas y castaños.
Entre praderas salvajes e ibones ocultos
encuentro, por fin, la calma.

CUANDO SOLO QUEDE AIRE

No dejes escapar la felicidad de lo pequeño.

Ese rato de charla arreglando el mundo
con un café en la mesa.

Aquel atardecer sentados en una roca recóndita,
recordando a los que ya no están.

El paseo marítimo, incluso sin mar a la vista.

Cocinar despacio y reír con ganas,
aunque salga «mal» por tu tendencia
a hacer mezclas sin criterio.

Jugar partidas infinitas al Risk, o al Cluedo,
y disfrutarlas, aunque siempre pierdas.

El tacto de su mano
dibujando espirales sobre tu espalda.

El beso al despertar y su cara iluminada
por la ilusión asomada a la puerta cuando regresas.

Ver tu serie favorita
y reír con las mismas escenas
mientras os miráis, cómplices.

Ese lenguaje propio que solo entendéis vosotros,
mezcla de palabras reales e inventadas,
autorreferencias para los días más aciagos.

Verlo jugar entre las olas, como un niño,
aunque el agua esté helada.

El abrazo que te arropa tras el llanto liberador.

La mirada que sigue siendo de amor,
no a pesar de todo, sino gracias a todo.

No dejes escapar la felicidad de lo pequeño
Volverás a aquellos recuerdos cuando de todo eso
solo
quede
aire.

FURIA .

A veces toma las riendas de mi mente
un caballo desbocado.

Lleva sobre su grupa una colección
de futuribles que me lanza sin piedad.

Va a tal velocidad que levanta a su paso
una nube de polvo opaca que me impide
ver con claridad, respirar con normalidad.

Relincha con tanta fuerza
que no oigo mi propia voz.

Da vueltas en espiral, boicoteando mis intentos
por conectar con mi intuición.

Otras veces consigo sujetar la rienda,
frenar sus coces desesperadas,
apaciguar su furia nerviosa,
templar su intensa necesidad de movimiento.
Con dulzura, acaricio su testuz y le susurro
lo único que sé que puede serenarlo:
estoy contigo.
Estoy conmigo.

*Te miro y siento como si el universo entero
se mirase a sí mismo a través de mis ojos.*

721

Gracias por acompañarme estos 721 días
en los que me diste hilo para coser mis alas,
en los que me abrazaste en cada una de mis dudas,
en los que miraste con ternura todas mis heridas.

Gracias por la risa, la fuerza, la perspectiva,
la presencia, la pasión y, sobre todo, el amor.

Gracias por quererme tan bonito.

Te vuelvo a elegir hoy y siempre para llegar juntos
a puerto y, desde allí, mirar el camino andado
y el que queda por andar con ilusión, ganas y magia.

COMO DE AÑO EN AÑO

Acabo otro año más con algunas capas menos.

Volví a enfrentarme al monstruo de las siete cabezas
y gané la batalla, de nuevo.

Conocí nuevos fantasmas
con los que firmé un pacto de no agresión.

Sigo aprendiendo a vivir, dejando caer
lo que ya no soy para dar espacio a lo que viene.

Sigo aprendiendo a escuchar cada susurro
que viene de dentro para gritarme
lo que no estoy atendiendo aún.

Sigo mirando la vida con curiosidad, luchando
por no dejar ganar al miedo y al escepticismo.

Sigo regando las semillas que planté,
a veces con impaciencia, lo sé,
con la esperanza de verlas florecer.

Recibo el año con el foco puesto
en que los «tengo que» no ganen a los «quiero»,
que la incertidumbre no gane a la ilusión,
que la tiranía del tiempo y la prisa
no se imponga a la calma y la escucha.

Doy la bienvenida al nuevo año
con el pecho abierto y las ganas intactas.

Seguiré remando para llegar, por fin, a puerto.

Y que por las grietas se cuele el agua
que riegue las flores que están por venir.

NUBES

Me pregunto si la nostalgia caduca.
Si este agujero que siento en el centro de mi cuerpo
se cerrará en algún momento.
Si la herida deja de supurar y se convierte
en cicatriz si dejo de mirarla.

Me pregunto si el olvido se acordará de guardar
en el cajón lo que fuimos para que me permita
ser lo que soy. Lo que seré.
Si después de la tempestad vendrá mi hogar
o si aún tendré que seguir remando.

Querría saber si la sensación de estar buceando
en la profundidad de mis sombras
se acabará algún día.
Si la carrera por huir de tu recuerdo tiene una meta,
aunque no haya premio.
Ni siquiera el de consolación.

Me pregunto si tu ausencia presente
se evaporará algún día, o si se seguirá condensando
hasta hacerme llover.

AL ENCUENTRO

Hay circunstancias en la vida
que te hacen entender
que cuanto más tiras de algo (o alguien)
más lo tensas, más se bloquea, más se aleja.

A veces se trata de sujetar el hilo sin tensarlo,
solo como mero recordatorio de tu propia presencia.

Otras se trata de soltarlo,
bien porque sujetarlo duele,
o bien porque, sin doler,
ha dejado de tener sentido amarrarlo
como quien se agarra a una línea de vida.

Lo difícil, lo sé, es decidir qué hacer.
Para eso, lo primero es poder escucharte,
y para eso, lo primero es bajar el volumen
a la vida. Lentificar la marcha.
Parar.
Observar.
Sentir.

Y en el silencio que da la pausa,
encontrar respuestas.

O si no, al menos, encontrarte a ti.

Con las piedras de mi camino
me estoy construyendo una fortaleza
desde donde ver llegar al enemigo.
El real y el inventado.

SÍ

Elijo decir «sí».

Elijo avanzar sin dejarme amordazar por las dudas.

Elijo seguir construyendo mi lugar seguro,
a pesar del viento de poniente.

He decidido continuar poniendo cimientos
de presente sin mirar atrás,
y, lo más difícil, sin mirar adelante.

Brazada a brazada, palmo a palmo.
Ya percibo la calma en la orilla.
Ya me dirijo al encuentro conmigo.

MIEDO

El miedo.

Otra vez el miedo,
con su fuerza arrolladora y su voz atronadora.

Otra vez el miedo,
con sus grandes fauces y su agonía inerte.

Otra vez el miedo,
con sus pesadas cadenas y sus afiladas púas.

Otra vez el miedo,
ese fiel amigo de las noches profundas.

EQUILIBRIO

El destino hacía añicos mis ilusiones.
Yo, ilusa, creía que aprendería a andar
sobre cristales rotos.
Faquir de las emociones.
Pero no. Resulta que cada pisada
me hiere un poco más los pies,
ya llenos de cicatrices.
Con cada nueva herida
se desgarra un poco más mi alma, ya raída.
Por cada metro que avanzo de más,
un centímetro menos de cordura.

Trato de sortear los trozos rotos,
pero pierdo el equilibrio.

Nunca fui buena funambulista.

HIELO EN LAS MANOS

Vuelve a soplar viento frío del norte
y yo ya no tengo más capas que ponerme.

El frío me corta la esperanza
y me congela la ilusión por avanzar.

Me ha calado hasta los versos
y ya no sé cómo continuar.

Otra vez este aire gélido que me bloquea
los intentos de construir algo sólido.

Otra vez este invierno en plena primavera
que me deja aislada contra todo pronóstico.

De nuevo, las borrascas encadenadas
que me dejan lluvia en un charco de lágrimas.

¿Quién me trae este frío atronador?
¿Cuándo llegará para mí ese verano soñado?
¿Cuánto tiempo más podré aguantar
llevando el hielo en mis ganas?
¿Cómo voy a sortear la hibernación

de mis anhelos?
¿Dónde esconderé la frustración de mis planes?
¿Por qué sigo tratando de calentarme
mi mano derecha, mientras con la izquierda
agarro la punta del iceberg?

LA HUIDA

¿Por qué buscas como si huyeses?

En la huida hay prisa, urgencia, alerta.
En la búsqueda hay presencia, foco, confianza.

Busca como si no necesitases encontrarte,
como si quisieras hacerlo por el mero hecho
de dar por casualidad con esa parte de ti
que te reconforta, te calma, te abraza.

Busca como si de un juego se tratase,
sabiendo que en el proceso irán cayendo
los cerrojos que te pesan y te lastran.

La huida te confunde,
te hace tropezar con tus propios pasos,
te pone trabas, te hace caer.

Confía. Encuentra esa fuerza que nace
del punto exacto donde late la vida.

¿Buscas o huyes?

SUERTE

«Qué suerte», nos dicen.
Y es verdad. Qué suerte.

Poder contar contigo
cuando las buenas noticias llegan
y poder apoyarme en tus palabras
que calman cuando llegan las peores.

Poder abrazar tu inseguridad,
que es la mía, y besar tus heridas.
Las compartidas y las que son solo tuyas.
Acompañarte en tus pasos, reír con tu risa,
ver tus ojillos brillar de emoción.

Qué bonito escuchar tus historias,
mandarnos canciones, recomendarnos lecturas,
planificar el próximo viaje.

Qué bonito reconocerme
en el espejo de tus miedos
y descubrir la grandeza de tu fuerza.

Qué fácil es entendernos siendo tan distintas,
siendo tan parecidas.

Qué reconfortante saber que estás siempre ahí,
al otro lado del alambre
sobre el que hago equilibrios.

Qué bien sienta seguir tejiendo la red que nos une
con dedicación, presencia, amor y admiración.

Qué suerte tenerte como hermana.

REDENCIÓN

Te perdono.

Y, al perdonarte, me perdono a mí.

Y, al perdonarme,
deshago el camino andado
y trazo uno nuevo,
con menos espinas,
con menos obstáculos,
con menos maleza.

Así es más fácil llegar a ti,
sentarnos en la vereda del camino
y observar la bandada de pájaros
que se llevan los restos
de lo que ya no somos.

Se han apagado las estrellas de mi cielo
y ahora no sé dónde mirar para pedir mi deseo.

BRIZNA

Traes viento en los zapatos y nubes en los ojos.

Las palabras se te atragantan y respiras en espiral,
hastiado.

Tu lluvia moja tus penas húmedas
y las ideas se te agolpan, creando barricadas
de emociones que cierran el paso a la serenidad.

La voz se enquista y la oscuridad se abre paso
entre tus pensamientos en bucle.

Te haces pequeño, diminuto.

Y cuando estás a punto de desaparecer,
una brizna de aire te devuelve
al centro mismo de tu luz.

Desde ayer es siempre.

CORDONES

Me abrocho fuerte los cordones
de mis zapatos raídos,
como si eso fuera a salvarme del tropiezo.

Me agarro a tu mano,
como si eso fuera a salvarme de las dudas.

Reviso los planes,
como si eso fuese a salvarme del abismo.

Enarbolo la bandera de la certidumbre
con la esperanza de que la fuerza del símbolo
contrarreste la furia de lo desconocido.

AUDAZ

Ojalá deshacernos de las cadenas autoimpuestas,
de la dictadura de la exigencia,
quitarnos los velos que cubren las dudas
y mostrarnos así: vulnerables, reales.

Ojalá deshacernos del miedo a la incertidumbre,
de la necesidad de control, de la rigidez castradora.

Mirar la vida con los ojos de quien no teme
echarse al mar, sin negar los peligros acechantes.

Vivir libre, salvaje, audaz.

Ojalá.

A veces siento que tengo que salvarme de mí.

CICLÓN DE CALMA

Mi cabeza en tu hombro
y el mundo se para.
Tu mano en la mía
y el miedo amaina.
Tu verbo en mi oído
y arriba la calma.

Eres centro
para el torbellino huracanado de mi mente.
Eres puerto
para la tempestad imparable de mi presente.

Llevas en ti un ciclón
y, a la vez, quietud.

VUELO

Rompes el espejismo y me muestras la realidad.
Ya no tengo miedo a habitar el presente.
Resulta que a tu lado es todo más vivo,
más brillante, más intenso.
Incluso cuando no es fácil.
Ya no tengo que tapar mis grietas,
las abrazas con ternura mientras me muestras
las tuyas, honesto, auténtico.
Me devuelves la promesa de un amor sereno,
abierto, leal.
Me envuelves en este sentimiento
que me sirve de impulso,
de protección y de alas.

ROTA

Me rompe la sensación de impotencia
ante la injusticia.

Siento que debo protegerme del dolor
que veo fuera y, a la vez,
me niego a cerrar los ojos al sufrimiento ajeno.

Me niego a insensibilizarme
ante el desasosiego de tantas almas que gritan
contra la sinrazón de seres
que se califican de humanos.

G

Me gusta verte crear.

Se te pone esa mirada intensa
y tu pecho se mueve al ritmo de tu respiración,
algo acelerada, con la emoción de ver brotar
lo que tienes dentro.

Te vacías en el papel,
volcando tu arte en forma de palabras,
jugando con las musas esquivas,
reteniéndolas a tu lado
a veces con ansia, otras con ternura.

Plasmas lo que llevas dentro,
dando luz a tus zonas oscuras
y con ese foco iluminas el camino de otros.

Me gusta verte desplegar las alas para volar.

Me gusta verte crear.

Poca gente es consciente de la fuerza de un susurro.

VEN

Ven y llévate este humo negro que me ahoga.
Ven y arrópame esta noche,
que se ha vuelto fría en pleno agosto.
Tráeme el mar en calma y la brisa suave.
Cobíjame en tu abrazo
y envuélveme con palabras de aliento.
Recuérdame que sí, que el dolor
también es temporal, que puedo ser fuerte.

Otra vez.

Reserva esa mesa para dos
y enciende para mí las velas.
Acaricia con los dedos los puntos de dolor,
con ternura, sin obviarlos.
Ayúdame a cerrar las heridas
y reconciliarme con lo que soy.

Vuelve a enseñarme cómo cuidarme.
Lo olvidé.
Sé que podré hacerlo sola,
pero, solo por hoy,
cuídame tu.

LA PAUSA

Recibir amor a diario,
brazos que envuelven,
manos que dan y piden a la vez,
sonrisas perennes,
la curiosidad en cada pestañeo
y la sensibilidad en cada gesto.

La infancia, ese lugar, a la vez,
vulnerable y resiliente.
La docencia, ese trabajo, a la vez,
energizante y drenante.

Esa combinación del peso
de la responsabilidad y la liviandad
que da la confianza de acompañarles
donde puedan llegar.

El reto constante por adaptarnos
a este mundo veloz,
sin dejarnos arrastrar por él,
haciéndoles ver el valor de la pausa,
de la escucha, del respeto y la empatía.

Tratar de ayudarles a gestionar
y validar sus emociones.
Que para acumular aprendizajes hay tiempo,
pero aprender a ser más humanos es urgente.

Seguir evolucionando cada día,
emocionarte, conectar con la inocencia,
la alegría y la curiosidad.

La docencia.
¿Es o no es el mejor trabajo del mundo?

52

Hoy se abre un nuevo capítulo
en la bitácora de un alma
que escribe con fuego y ternura,
que ha cruzado tormentas con la frente en alto
y el corazón ardiendo.

Cada obstáculo que enfrentaste este año
fue un escenario, y tú, actor de alma antigua,
supiste interpretar el papel más difícil:
ser tú mismo en un mundo
que, a veces, exige máscaras.

Tienes la mirada del que ha soñado mucho
y ha despertado más fuerte.
Tienes las manos del que ha creado belleza
entre ruinas.
Tienes el pecho lleno de un amor profundo
que no teme mostrarse vulnerable.
Y eso, lo sabes, es tu poder.

Tu paso por el mundo no es silencioso:
dejas huellas como estrofas,
llevas luz como un foco
sobre el telón rojo del destino.
Eres metáfora palpitante.

Este nuevo año que abrazas no te pide nada,
solo que sigas siendo fiel a ese fuego interno
que nunca se apaga.
Porque hay en ti una fuerza que ni el tiempo,
ni la duda, ni el dolor han podido romper.

Feliz cumpleaños a ti,
que eres faro, verso, escena y canción.
Gracias por ser un recordatorio viviente
de que la vida, aunque a veces duele,
también canta.

A veces, lo confieso, disfruto echándome sal
donde más escuece.

VULNERABLES

No todo en nosotros fue hecho para resistir.
Hay partes que tiemblan, que se rompen,
que lloran sin explicación.
Y está bien.
Porque ser fuerte no significa nunca caer,
sino permitirse ser humano
sin pedir disculpas por ello.

La vulnerabilidad no es un error de fábrica.
Es la grieta por donde nos entra la vida.
Es la piel que se abre al amor, al miedo, al asombro.
Es ese instante en que bajamos la guardia
y mostramos lo que duele,
no para que lo arreglen,
sino para que lo vean y lo honren.

Tenemos derecho a no estar bien,
a no tener todas las respuestas,
a no sostenerlo todo,
a rendirse por un rato
sin que eso nos reste dignidad.
El mundo nos ha enseñado a disfrazar las lágrimas,
a endurecernos para no incomodar.

Pero la armadura cansa.
Y el alma también merece descanso.

Ser vulnerable es decir «me duele»
sin que nos tachen de débiles.
Es pedir ayuda sin sentir que hemos fallado.
Es compartir el caos, el miedo, la confusión,
y encontrar ahí, entre palabras torpes
y miradas sinceras, un refugio.

Hay belleza en mostrarse sin escudos.
Hay poder en decir «no puedo solo».

Porque al abrirnos, al permitirnos ser frágiles,
también invitamos a los otros a ser reales.
Y en ese encuentro
—desnudo, honesto, humano—
se tejen las formas más profundas del amor.

Que nadie te arrebate el derecho de quebrarte,
porque solo quien se ha permitido romperse
conoce también el arte de reconstruirse con verdad.

SUTURAS DE LO INVISIBLE

Hay palabras que no salvan al mundo,
pero salvan a alguien. A veces, eso basta.

Una voz que llega cuando todo parece hueco,
cuando el pecho se convierte en piedra
y los pensamientos no saben a dónde ir.
Una palabra que no pretende tener respuestas,
pero se queda, se posa suave,
como una mano tibia en el hombro,
como un silencio que no incomoda,
sino que abraza.

La palabra, cuando nace desde lo hondo,
no necesita adornos, no necesita ser perfecta.
Basta con que sea sincera, con que se atreva
a decir «aquí estoy», aunque el resto del mundo
mire hacia otro lado.
Tiene el poder de curar sin bisturí,
de suturar lo invisible,
de nombrar lo que duele
para que deje de ser un monstruo escondido.

Decirle a alguien «te escucho» es abrir una puerta
sin exigir nada a cambio.
Es tender un puente,
aunque del otro lado haya ruinas.
La palabra, cuando es verdadera,
es faro en medio de la niebla.
Y cuando se convierte en consuelo,
no borra el dolor, pero lo vuelve más liviano,
lo convierte en compañía.

Hay palabras que no cambian la historia,
pero cambian un instante.
Y un instante de alivio
puede ser la grieta por donde entra la luz.
Porque a veces todo lo que alguien necesita
es saber que no está solo en su sombra,
que hay otra voz, otra alma, dispuesta a quedarse,
aunque no sepa cómo.

Y eso —esa presencia,
esa pequeña llama compartida—
también es una forma de sanar.

FUEGO EN ESPEJO

Eran dos tempestades caminando
en direcciones opuestas,
hasta que el mundo (o quizás el destino)
decidió que se cruzaran.

No fue un encuentro suave.
Fue una chispa que encendió todo:
palabras como relámpagos,
miradas como ríos crecidos.
Se midieron con respeto,
con esa mezcla de asombro y desafío
que solo reconocen las almas fieras.

No eran iguales, pero se entendían,
como dos lenguas de fuego que no se apagan,
sino que se alimentan una de la otra.

Tenían el carácter tallado por la vida,
la risa que estalla sin pedir permiso
y las lágrimas que no suplican consuelo,
pero encuentran su hogar
en una mirada que no juzga.

Compartieron silencios que pesaban,
dolores que ardían.
Se acompañaron en las derrotas
como si fueran propias,
celebraron los triunfos con gritos de guerra,
con copas levantadas,
con esa alegría que solo nace
cuando alguien más brilla
y tú lo sientes en el pecho.

Entre ellas había un pacto invisible:
el de sostenerse sin máscaras,
el de quererse con los bordes afilados,
el de no tener que suavizarse para caber.

Y así, con todas sus tormentas,
eran hogar la una para la otra.
Fuego en espejo.
Fuerza compartida.
Hermandad nacida no de la sangre,
sino del alma que reconoce a su igual
en medio del caos.

AMIGAS

No de esas que se adornan con flores,
sino de las que se plantan como robles
al lado de la otra cuando todo tiembla.

LA CHISPA

La valentía no grita,
no lleva armadura, ni alza estandartes.
Es ese susurro tenue que resiste en la garganta
cuando el mundo se cae a pedazos.
Es una mano temblorosa que, aun así,
se extiende hacia la esperanza.

La valentía no nace del acero, sino de la herida;
no del triunfo, sino del intento.

Superarse no es correr hacia la cima,
sino levantarse cuando todo dentro grita
que es más fácil quedarse en el suelo.

Es aprender a mirar el miedo a los ojos y decirle:
«Ven, caminemos juntos, pero no me detendrás».
Es llevar el dolor como una antorcha encendida,
no para iluminar el pasado,
sino para abrir senderos nuevos
donde antes solo había sombra.

Hay días en que el cuerpo es cueva y el alma, eco.
Días en que cada paso cuesta más que una batalla.
Y, aun así, avanzamos. A veces a rastras, otras de pie.
Porque dentro del pecho late algo
que no entiende de rendiciones:
una chispa, una semilla, un fuego suave y tenaz.

Ser valiente no es no tener miedo,
es amarlo hasta disolver sus dientes.
Es elegir cada día ser más que la herida,
más que la caída.
Es saber que no hay cima sin vértigo,
ni luz sin haber tocado fondo.

Que el alma, como el marinero,
se forja en la tormenta.

Y así, con los pies llenos de barro
y el corazón agrietado, seguimos.

No porque el camino sea fácil,
sino porque hemos decidido que somos más fuertes
que lo que nos quiso romper.
Porque allí, en el silencio más profundo,
donde la voz casi se apaga,
es donde nace el verdadero valor.

CONEXIÓN SEGURA

Vuelves a ser mi cable a tierra.

Me agarro a tu mano y siento que me proteges
de mi propia corriente eléctrica.

Lo confieso: cuando estás dormido,
busco el contacto de tu piel
para salvarme del cortocircuito
que generan mis miedos
en la oscuridad de la noche.

Me aferro a tu pecho
para mantener fuera las descargas eléctricas
que me provoca la incertidumbre.

Hoy, como ayer, vuelves a ser mi cable a tierra[1].

---

[1] También conocido como cable de puesta a tierra, es un conductor eléctrico que conecta un equipo o instalación eléctrica a la tierra, proporcionando un camino seguro para la corriente eléctrica en caso de falla o cortocircuito. Su función principal es proteger a las personas y los equipos evitando descargas eléctricas peligrosas. El cable a tierra se conecta a una varilla metálica enterrada en el suelo, creando una conexión segura. En caso de una falla eléctrica, como una fuga de corriente, esta buscará el camino de menor resistencia, que será el cable a tierra, y fluirá, evitando que pase a través de una persona o equipo, reduciendo así el riesgo de electrocución.

TRINCHERA INTERNA

Vivir en estado de alerta
es tener los párpados siempre entreabiertos,
incluso en la penumbra del descanso.
Es dormir con un oído prestado
al rumor de lo que se avecina,
como si el silencio también pudiera romperse,
como si cada sombra escondiera una intención.

No es miedo, no exactamente.
Es otra cosa más filosa: la sospecha constante
de que el mundo no ha terminado
de decir su amenaza.

Caminar por la vida en este estado
es como andar descalzo sobre cristales invisibles:
uno se mueve, sí, pero cada paso
lleva la tensión de lo que podría estallar.
Los músculos no descansan,
el pecho no suelta del todo el aire,
y el alma se acurruca
como un animal bajo la tormenta.

En esta vigilia perpetua,
los sentidos se afinan hasta doler.
Se oye más, se ve más,
se presiente incluso lo que no existe.

Pero la lucidez tiene su precio:
se desvanece la calma, se vuelve lejano el refugio.

La ternura es un lujo improbable.

El amor, una tregua que no siempre se permite.

Vivir en alerta es como habitar
una frontera sin nombre,
una trinchera interna desde donde todo se evalúa,
se mide, se calibra.

Nunca del todo adentro, nunca del todo afuera.

Es vivir sin permiso para bajar la guardia.

UNA PUERTA

Tolerar no es simplemente soportar.
Es abrir espacio dentro de uno mismo
para lo que no se entiende,
lo que no se elige, lo que no se parece.
Es mirar al otro sin convertirlo
en espejo ni en amenaza.
Aceptar que la vida no se dobla a una sola forma,
que la verdad no se dice con una sola voz.

La diferencia no es un muro, es una puerta.
Y quien la cruza no pierde lo que es,
sino que lo amplía. Porque al escuchar lo ajeno,
lo distinto, lo extraño,
uno descubre lo propio desde otra luz.
Y algo se afloja: el juicio, el orgullo,
la necesidad de tener razón.

Tolerar es un acto silencioso de coraje.
No se grita, no se impone.
Se practica.
Se aprende.
A veces, duele.

Pero es ahí, justo en ese roce incómodo,
donde empieza a crecer
algo parecido a la humanidad.

TEMBLOR

Me duele la injusticia.
Ese dolor no es solo una herida:
es una llama que no se apaga.
Arde en el pecho,
aunque la herida no sea propia,
porque la injusticia no necesita
tocarnos para dolernos.
Basta verla.
Basta saberla.

Es un temblor silencioso,
una rabia contenida que se aloja en los huesos.
Una impotencia que se repite,
que acumula rostros, nombres, historias rotas.
Y uno camina con eso a cuestas,
como quien carga un duelo sin fecha ni tumba.

Pero ese dolor, si no se ahoga,
también puede ser raíz.
Puede volverse grito, gesto, semilla.

Porque a veces, de tanto doler,
el alma decide levantarse.

Eres hogar sin rejas,
eres raíz y alas.

Primera vez

Tus palabras en mi oído,
tus manos acunando mis penas,
tu aliento insuflándome vida.

Dejarme arropar, sostener, cuidar,
como si fuera la primera vez.

Espera.

Quizá es la primera vez.

ESPEJISMOS

Mis expectativas son hilos invisibles
que me atan a un ideal.
Nacen en el silencio,
cuando aún no ha pasado nada,
pero ya quiero que todo pase.

Se asoman tímidas al borde de los días,
disfrazadas de posibilidad, y se alojan en mi pecho
como promesas que nadie firmó.

Pero las expectativas, a veces, se rompen
como espejos antiguos: sin ruido,
pero dejando astillas.
Porque no son realidades, son reflejos.
Proyecciones de un anhelo
que no siempre encuentra suelo donde echar raíz.
Y, aun así, vuelvo a ellas,
con la terquedad del que ama,
con la fe del que aún no ha aprendido a rendirse.

Son espejismos que me empujan a avanzar.
Y aunque a veces duelan, también me sostienen.
Porque en su núcleo frágil habita una esperanza.
Y eso basta, a veces, para seguir caminando.

LA ESPERA

Esperamos sin darnos cuenta.
Esperamos que el otro entienda sin decir.
Que la vida reparta lo justo,
que el amor dure más que el miedo,
que los planes salgan como los soñamos
en madrugadas febriles.

Esperamos,
como si esperar fuera respirar,
como si lo que imaginamos fuera más real
que lo que tenemos.

Si sopla viento en contra, échate en el suelo
y quédate muy quieta.
Ahí, en tierra firme, puedes encontrar
el arraigo contra tu miedo.

IMPOSIBLES

Creíamos que era imposible.

Que el cielo no baja a la tierra,
que los relojes no se atreven a retroceder.

Decían que los imposibles no caminan,
que se quedan estáticos, como piedras viejas
enterradas bajo siglos de resignación.

Y, sin embargo, una tarde
(quizás jueves, quizás ninguna hora real)
el agua ardió.

No como el fuego,
sino como una verdad largamente negada.
Los peces dejaron de nadar
para mirar con asombro;
los sauces se inclinaron, no de tristeza,
sino de incredulidad,
y el aire tembló como si supiera que presenciaba
una grieta en las leyes del mundo.

Era el imposible que se cumplía.
La carta jamás enviada que llegó.
La promesa que todos olvidaron,
pero que alguien recordó cumplir.

No hubo palabras.
No hacía falta.
Porque, a veces, lo imposible no se explica:
simplemente, ocurre.

Y cuando ocurre,
el universo se queda quieto por un instante,
como si también él necesitara entender
cómo fue que, al fin,
el agua ardió.

Epílogo: RECOVECOS

INCURSIÓN AL MUNDO DE LOS MICRORRELATOS

EL TREN

Hay quien sube a un tren y va conectado a las redes sociales y quien va conectado a sí mismo.

A ella le gusta conectar con su mundo interior. Aprovecha para reflexionar sobre su vida, tomar notas sobre ideas que surgen, y también, no hay razón para ocultarlo, le gusta imaginar las causalidades y casualidades que hacen que cada día coincida allí con esas personas, y no con otras.

Así, el viaje en tren se convierte en un viaje interior, donde la imaginación, la reflexión y la calma se convierten en estaciones de paso.

Rumor

Por la tarde fui a nadar. Había dejado la carta sobre la mesa de su escritorio antes de salir en busca de la paz del mar, del desahogo que aportan las brazadas.

Allí quedaba mi misiva, escrita bajo el arrullo de las olas, escuchando en mi corazón ese insistente rumor de caracola que me impulsaba a alejarme para siempre del que llevaba siendo mi hogar veinte años.

Era el momento de levar las anclas de mi alma y buscar otro puerto donde dejar de sentir que la próxima tempestad sería la última que soportaría.

Era el momento de ser mi propio faro.

LO QUE NO FUE

Encontré las cartas en el altillo de su casa.

Después de que mi tía Irene muriera, Susana y yo fuimos allí a recoger sus cosas y prepararlo todo para vender el piso. Las cartas, dirigidas a un tal Carlo, habían sido enviadas, pero no habían llegado a destino. Tenían el sello de «destinatario desconocido». Las abrimos para leerlas sin pudor y ahí encontramos una historia de amor truncada.

Carlo era un diplomático italiano que se dedicaba a viajar por el mundo. Por lo que parecía, en uno de sus viajes a Madrid conoció a la tía Irene y se enamoraron.

Después de un fugaz amor platónico, él volvió a su Roma natal y ella a su taller de costura. Ella se casó con aquel que le fue asignado, por el bien de la familia, de su reputación y de su estabilidad económica y emocional. Mi tío Gabriel nunca nos gustó, ahora sabemos que a ella tampoco.

Mientras tanto, siguió enviando esas cartas que Carlo nunca leyó. Pero, aun sin leerlas, sabemos que él no la olvidó.

Gracias a esas misivas entendimos el origen de la colección más preciada de Irene: más de veinticinco dedales de todas las partes del mundo, uno por cada lugar que visitaba Carlo y que enviaba fielmente a mi tía. Ella, que desde que se casó nunca volvió a coser, los guardaba en una vitrina en su habitación como quien guarda un relicario.

Hoy, Susana y yo cogemos un vuelo a Roma, en busca del hilo que nos lleve hasta Carlo, y así, con suerte, entretejer la historia completa.

Por ti, tía Irene.

AROMAS

Ojalá inventaran un perfume con olor a verano en el pueblo —los olores tienen el poder de trasladarnos a otro lugar, otro tiempo, otras memorias—. A mí, el verano en el pueblo me olía a tinta de la máquina de escribir del abuelo y a ausencia de papá. Sobre todo, a ausencia de papá. Y eso, por paradójico que parezca, era lo mejor del verano. La ausencia de su gesto adusto, de sus miradas reprobatorias, de su voz apremiante y de su exigencia velada.

Llegaba el verano y, con él, la libertad. El aire se hacía menos denso, el nudo en el pecho se deshacía, el peso en mis hombros se aligeraba. Y no solo el mío. Se lo notaba a mamá. Y a Elvira.

Los tres viajábamos en tren al pueblo y nuestro gesto al llegar ya era distinto; el miedo se evaporaba y la ilusión por un nuevo comienzo se hacía grande.

Dos meses en los que poder volar subido a las teclas de la Underwood del abuelo. Se sentaba en su butaca de piel gastada a la altura del reposabrazos, y yo me acomodaba en su regazo. Ahí, así, pasábamos horas, yo dándole ideas para sus relatos y él fingiendo que le servían.

Una máquina de escribir convertida en tabla de salvación. Un abuelo escritor convertido en faro en la oscuridad. Un folio en blanco como lugar seguro al que volver.

Ojalá inventaran un perfume con olor a máquina de escribir.

VOLUTAS

Jugó a dibujar figuras de humo con la esperanza de que los miembros de la tribu entendieran su mensaje. No era capaz de emitir palabra alguna después de lo que había vivido. Aun así, sentía la necesidad de contárselo a todos, de prevenirlos.

Desde su lugar, en la cueva, emitía espesas y expresivas volutas que parecían incomprensibles para todos. Para todos, menos para aquella que miraba desde lejos con ojos de quien sabe. Aquella que luchó contra los mismos monstruos ingentes, la que atravesó los mismos infiernos. Aquella que llevaba en su piel las huellas de idéntico incendio.

MUDANZA

Las 48 cartas que mi padre escondió aparecieron en la última mudanza.

Me estaba cambiando de casa por quinta vez. En esta ocasión era una decisión precipitada, poco meditada, fruto de la prisa que genera descubrir que el suelo sobre el que pisaba se tambaleaba sin remedio: mi matrimonio se rompía tras veinte años de convivencia por la aparición estelar de un seísmo con nombre de mujer.

Tras descubrirlo, busqué un techo donde cobijarme de la tempestad que se avecinaba: papeleo, conversaciones difíciles, comunicados oficiales, logística por resolver... Y ahí, mientras metía en cajas y maletas los restos del naufragio, apareció el maletín que me traje de casa de mi padre el día que se repartió la herencia. Sin un motivo lógico que pueda explicar, había conservado ese símbolo de la parte de mi padre que admiraba: su entrega a su profesión.

De todo lo demás me había deshecho nada más hacer el reparto; no me interesaba conservar nada de aquel que no había estado presente en mi vida. De ese ente que deambulaba por casa sin interactuar con nadie que no fueran sus compañeros de departamento o sus alumnos.

Aquello que más admiraba de él era lo que más celos me provocó durante mi infancia y adolescencia. Yo quería que me quisiera como a su profesión. Nunca lo sentí.

Murió con setenta y dos años, solo dos después de haberse jubilado, dejando claro que la vida después del trabajo no le interesaba, supongo.

Aquel maletín había estado oculto en la buhardilla de casa, junto con los cuadernos que escribí en mi infancia y los libros que conservaba de la biblioteca familiar.

Al meter en cajas todos los recuerdos, apareció allí, inerte y, a la vez, latente, como queriéndome decir algo. Por primera vez en mi vida lo abrí, accediendo a ese lugar privado, sagrado, inaccesible de mi padre.

Dentro no encontré nada relacionado con su trabajo; lo que encontré me hizo sentarme en el suelo, incrédula: 48 cartas, una por cada año de los que viví yo antes de su muerte.

Mi padre me había escrito una carta en cada uno de mis cumpleaños. Nunca llegó a dármelas, nunca llegó a contármelo. 48 cartas que ahora suponían 48 bocanadas de aire. Al abrirlas y comenzar a leerlas, me debatía entre la rabia y la culpa, entre el arrepentimiento y la gratitud, entre la compasión y la frustración.

Eran cartas de amor a una hija. Cartas llenas de reconocimiento, admiración, cariño, ternura… Misivas plenas de anécdotas, poesías, canciones y fotografías sujetas con un clip.

Esas epístolas me reconciliaron con mi padre, tarde, pero de forma liberadora.

48 formas de acercarme a mi padre; 48 formas de perdonarle; 48 maneras de perdonarme; 48 formas de decirme que me quería; 48 maneras de reparar el vínculo.

Índice